Long Before the Pilgrims
The First Thanksgiving
El Paso del Norte, 1598

Años antes de los peregrinos
El primer día de acción de gracias
El Paso del Norte, 1598

By Bill O'Neal and
Lynn O'Neal Martinez
Illustrated by Polsky Morgan

EAKIN PRESS   Austin, Texas

FIRST EDITION

Copyright © 2000

By Bill O'Neal and Lynn O'Neal Martinez

Published in the United States of America

By Eakin Press

A Division of Sunbelt Media, Inc.

P.O. Drawer 90159 🖭 Austin, Texas 78709-0159

email: eakinpub@sig.net

🖳 website: www.eakinpress.com 🖳

1   2   3   4   5   6   7   8   9

1-57168-448-4   HB

1-57168-498-0   PB

For CIP information, please access:
www.loc.gov

For Rudy Martinez,
our Tejano husband and son-in-law.

For help in translating this book into readable Spanish, we are grateful to Lynn's fifth- and sixth-grade students at John H. Reagan Elementary School in the Dallas Independent School District. We owe special thanks to Juan Carlos Abonza, Erik Guerrero, José Martin Cervantes, Carlos Manuel, Elmer Perez, and Marco Antonio Cortez.

Para Rudy Martinez,
nuestro esposo y yerno tejano.

Por su ayuda en traducir este libro al español de esta región, estamos muy agradecidos a los estudiantes de Lynn de quinto y sexto en la escuela primaria John H. Reagan del Distrito Escolar Independiente de Dallas. Les damos gracias a Juan Carlos Abonza, Erik Guerrero, José Martin Cervantes, Carlos Manuel, Elmer Perez, y Marco Antonio Cortez por su ayuda con modismos.

Lynn O'Neal Martinez
Bill O'Neal

1
Thanksgiving and the Pilgrims
El día de acción de gracias y los peregrinos

Most Americans believe that the first Thanksgiving was a celebration of the Pilgrims of Plymouth colony. The Pilgrims had arrived at Plymouth on the *Mayflower* in 1620. The next year, in October 1621, the Pilgrims decided to celebrate their first harvest. They invited nearby Native Americans, who had given them help.

The Pilgrims and the Native Americans shared a feast of wild turkey, deer meat, lobsters, clams, corn, green vegetables, and dried fruit. The Native Americans danced. The Pilgrims showed off their guns. There were foot races. The celebration lasted for three days.

La mayoría de los estadounidenses cree que el primer día de acción de gracias fue una celebración de los peregrinos de la colonia Plymouth. Los peregrinos habían llegado en el barco *Mayflower* en 1620. El año siguiente en octubre de 1621, los peregrinos decidieron celebrar su primera cosecha. Ellos invitaron a los americanos nativos que vivieron cercas y los habían ayudado.

Los peregrinos y los americanos nativos compartieron una fiesta de guajolote, venado, bogavantes, almejas, maíz, vegetales, y frutas secas. Los americanos nativos bailaron. Los peregrinos sacaron a lucir sus armas de fuego. Habían carreras. La celebración duró tres días.

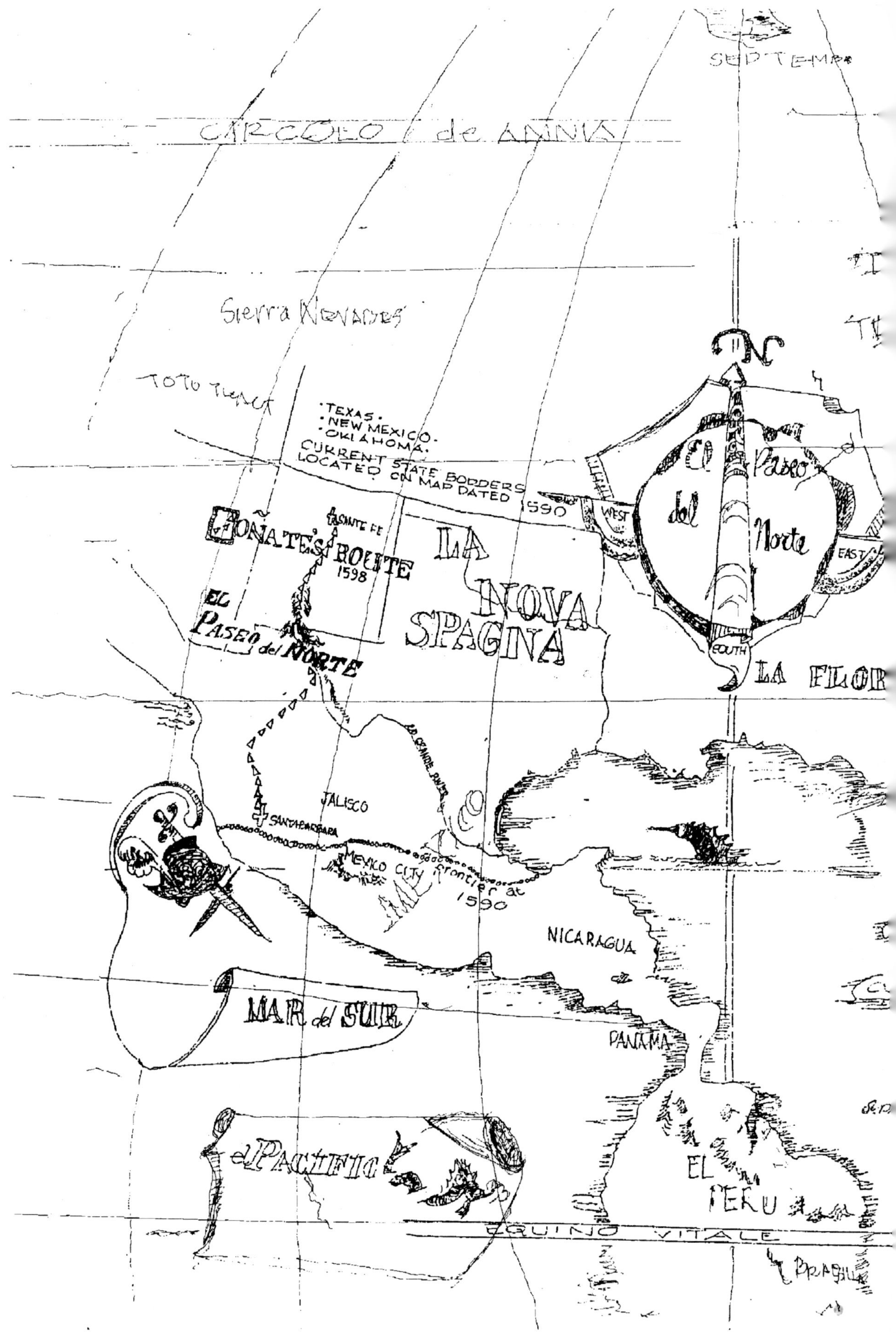
SEPTEMP
CARCOLO de ANINA
Sierra Nevadres
TOTO TLENCA
•TEXAS•
•NEW MEXICO•
•OKLAHOMA•
CURRENT STATE BORDERS
LOCATED ON MAP DATED 1590
SANTE FE
OÑATE'S ROUTE
1598
LA NOVA SPAGNA
EL PASEO del NORTE
El Paseo del Norte
WEST
EAST
SOUTH
LA FLOR
JALISCO
SANTA BARBARA
MEXICO CITY
frontier at 1590
NICARAGUA
MAR del SUR
PANAMA
el PACIFIC
EL PERU
EQUINO VITALE
BRASIL

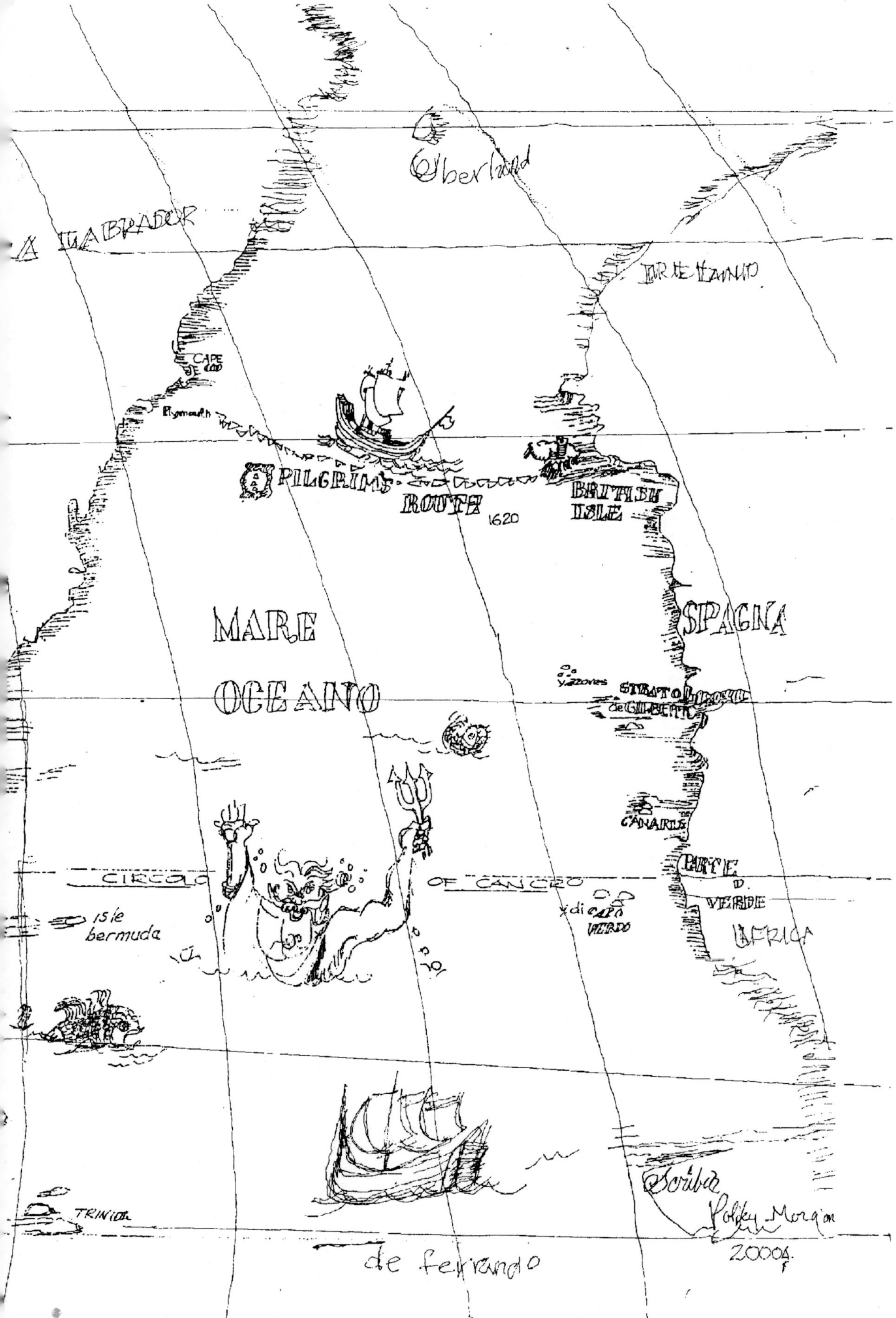

LABRADOR
CAPE DE COD
Plymouth
PILGRIMS ROUTE
1620
BRITISH ISLE
SPAGNA
MARE
OCEANO
y azores
CANARIE
CIRCOLO
OF CANCRO
isle bermuda
di CAPO VERDO
AFRICA
de ferrando
Scriba
Polly Morgan
2000

Two years later the Pilgrims had another Thanksgiving celebration. Over the years other Thanksgivings were celebrated. In 1789 President George Washington called for a day of Thanksgiving throughout the new nation. During the Civil War, President Abraham Lincoln asked for a national day of Thanksgiving. Soon Thanksgiving became one of America's most popular holidays.

But the English were not the first European colonists in America, and they did not celebrate the first Thanksgiving. The English began to settle Virginia and New England in the early 1600s. But a century earlier, in the 1500s, Spanish conquistadors arrived in Mexico. Soon they traveled to Florida, Texas, Arizona, and New Mexico.

During the 1500s, the Spaniards found gold and silver in Mexico. Now they could afford to settle other areas. In 1595 they decided to establish a colony in New Mexico. And these Spanish colonists would celebrate America's first Thanksgiving, more than twenty years before the Pilgrims.

Dos años después los peregrinos tuvieron otra celebración de acción de gracias. En otros años habían otros días de dar gracias. En 1789 el presidente George Washington pidió un día de dar gracias por todo el país nuevo. Durante la Guerra Civil, el presidente Abraham Lincoln pidió un día nacional de dar gracias. Muy pronto el día de acción de gracias llegó a ser uno de los días santos más populares en Norteamérica.

Pero los ingleses no fueron los primeros colonos europeos en Norteamérica, y no celebraron el primer día de dar gracias. Los ingleses empezaron a establecer Virginia y Nueva Inglaterra en la primera parte del siglo diecisiete. Pero un siglo antes, en los años 1500, conquistadores españoles vinieron a México. Poco después los españoles venían a Florida, Tejas, Arizona, y Nuevo México.

Durante los años 1500 los españoles encontraban oro y plata en México. Con esa riqueza, podían establecer colonias en otras áreas. En 1595 los españoles decidieron establecer una colonia en Nuevo México. Y estos colonos españoles celebrarían el primer día de acción de gracias en Norteamérica, más de veinte años antes de los peregrinos.

2 Governor Oñate's Expedition

La expedición del gobernador Oñate

Juan de Oñate was one of the richest men in Mexico. His father discovered silver mines in Mexico and would become a governor. Juan also discovered rich mines. His wife was a granddaughter of Hernan Cortes, who had conquered the Aztec Indians in Mexico. She also was a great-granddaughter of the great Aztec chief, Montezuma.

Juan was a member of an important family. He was wealthy. But he wanted more. He wanted to become a famous conquistador. He wanted to conquer a new frontier for Mexico.

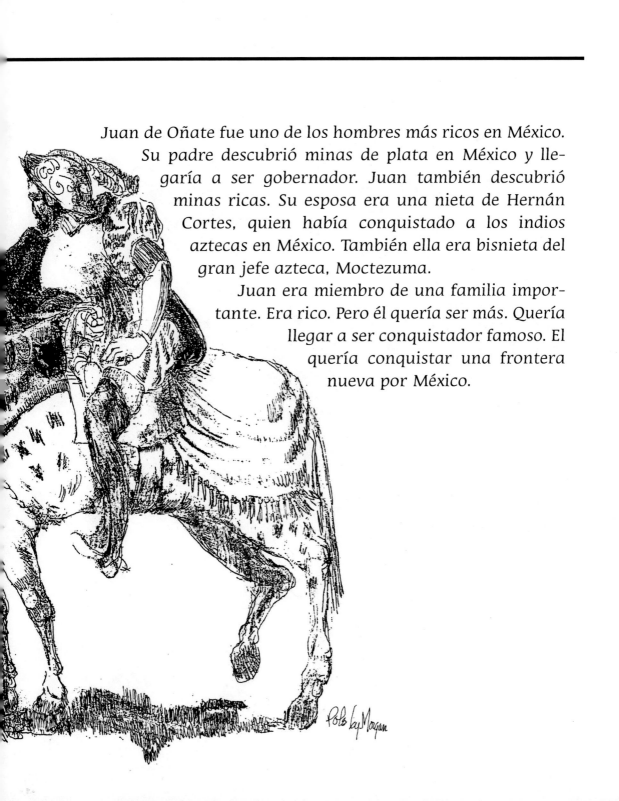

Juan de Oñate fue uno de los hombres más ricos en México. Su padre descubrió minas de plata en México y llegaría a ser gobernador. Juan también descubrió minas ricas. Su esposa era una nieta de Hernán Cortes, quien había conquistado a los indios aztecas en México. También ella era bisnieta del gran jefe azteca, Moctezuma.

Juan era miembro de una familia importante. Era rico. Pero él quería ser más. Quería llegar a ser conquistador famoso. El quería conquistar una frontera nueva por México.

A few brave men had explored the country to the north, beyond the Rio Grande. Juan wanted to lead settlers into this country. He would call this new colony "New Mexico."

Juan told the viceroy of Mexico about his plans. The viceroy was an old friend. Finally, in 1595, the viceroy appointed Juan as governor and captain-general of New Mexico.

Juan began to look for supplies and equipment. He had to find wagons and carts to haul supplies and baggage. He had to gather livestock. All of these things took a long time. The expedition was not ready to leave until 1598.

Men with trumpets and drums marched into Mexican towns to enlist colonists. Lists were posted in these towns. Men who were willing to sign up were promised the rank of *hidalgo*, even if they were peasants. This meant they would be given land in New Mexico.

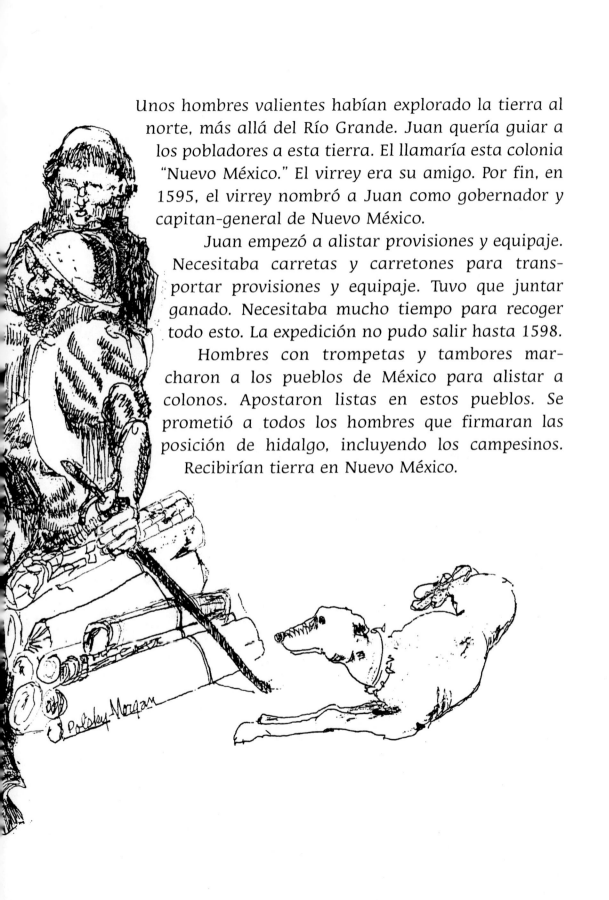

Unos hombres valientes habían explorado la tierra al norte, más allá del Río Grande. Juan quería guiar a los pobladores a esta tierra. El llamaría esta colonia "Nuevo México." El virrey era su amigo. Por fin, en 1595, el virrey nombró a Juan como gobernador y capitan-general de Nuevo México.

Juan empezó a alistar provisiones y equipaje. Necesitaba carretas y carretones para transportar provisiones y equipaje. Tuvo que juntar ganado. Necesitaba mucho tiempo para recoger todo esto. La expedición no pudo salir hasta 1598.

Hombres con trompetas y tambores marcharon a los pueblos de México para alistar a colonos. Apostaron listas en estos pueblos. Se prometió a todos los hombres que firmaran las posición de hidalgo, incluyendo los campesinos. Recibirían tierra en Nuevo México.

By 1598 about 400 men had enlisted. Some were soldiers. A few men were in their sixties, and one young colonist was only fifteen. But most of the men were in their twenties and thirties. More than 130 of the men brought their families, so there were many women and children.

Eleven Franciscan priests also joined. The Spanish colonists were Catholics who wanted priests with them. The priests also intended to convert Native Americans in New Mexico to Catholicism. Spain wanted the Native Americans to become *gente de razón*. They thought that if Native Americans became Catholics, they would become more civilized.

Juan enlisted four of his brothers and four of his nephews. One important member of the expedition was Captain Marcos Farfán de los Godos from Seville, Spain. Captain Marcos was a brave soldier with a good education.

Juan now was called Governor Oñate. Early in 1598 he assembled his colonists at Santa Barbara in northern Mexico.

Para 1598 casi 400 hombres se habían escrito para ir a Nuevo México. Algunos eran soldados. Algunos de ellos tuvieron 60 años, y un colono joven sólo tuvo 15 años. Pero la mayoría de los hombres tuvo 20 a 30 años. Más de 130 hombres llevaron sus familias con ellos. Por eso, habían muchas mujeres y muchos niños.

También habian once sacerdotes franciscanos. Los colonos españoles eran católicos quienes quisieron la presencia de sus sacerdotes. También los sacerdotes intentaron convertir a la religión católica a los americanos nativos en Nuevo México. España querían que los americanos nativos se hicieran gente de razón. Pensaban que si los americanos nativos se hicieran católicos, se harían más civilizados.

Juan alistó a cuatro de sus hermanos y cuatro de sus sobrinos. Un miembro importante de la expedición fue el capitán Marcos Farfán de los Godos de Sevilla, España. El capitán Marcos era un soldado con una educación buena.

En este tiempo, Juan fue llamado Gobernador Oñate. En la primera parte de 1598 él asambleó a sus colonos en Santa Bárbara en el norte de México.

The Journey North

La jornada hacia el norte

Governor Oñate finally led his expedition north out of Santa Barbara on February 7, 1598. The colonists drove eighty-three wagons and carts. Many of the men rode horses. There were thousands of animals: cattle, mules, horses, sheep, and goats. When the expedition began to march, the wagons and animals and horsemen stretched four miles.

Governor Oñate intended to open a new trail across the Chihuahuan Desert. This trail later would become the main highway between the modern cities of Chihuahua and El Paso.

But in 1598 the route was a trackless desert filled with cactus and sand dunes. Nights on the desert were very cold. There was little water, and food began to run low. Their shoes wore out. But they prayed for water, and it rained. Then they struggled on.

Al fin, el gobernador Oñate guió a su expedición al norte de Santa Bárbara en el 7 de febrero de 1598. Los colonos manejaron ochenta y tres carretas y carretones. Muchos de los hombres montaron a caballo. Habían miles de animales: ganado, mulas, caballos, ovejas, y chivos. Cuando empezó a marchar la expedición, los carretones, animales y caballeros estrecharon por cuatro millas.

El gobernador Oñate intentó abrir un camino cruzando el desierto chihuahueño. Este camino llegaría a ser las carretera central entre las ciudades modernas de Chihuahua y El Paso.

Pero en 1598 la ruta era un desierto sin pasos y lleno de cacto y lomas de arena. Las noches en el desierto eran muy frías. Había poca agua y poca comida. Los zapatos se deshicieron. Pero oraron por agua, y llovió. Entonces continuaron con la lucha.

Governor Oñate sent eight men to ride ahead and try to find water. But these men suffered hunger and thirst. They had to eat the roots of bushes to stay alive.

Finally, they found an Indian camp. There was some venison and rabbit meat to eat. The Indians took the Spaniards to water holes. But soon the guides ran away.

The men had water when it rained every day for a week. Then it stopped raining. The men and their horses went without water for five days.

When they saw cottonwood trees, they knew there was water ahead. The horses began to smell water. By the time they came to the Rio Grande, both men and horses were crazed with thirst.

The men jumped into the river. Two of the horses plunged so far into the river that they drowned in the swift current. Two other horses drank so much that their bellies burst.

When they could drink no more water, the men crawled out onto the riverbank. They rested in the shade of the trees. Then they began to fish and hunt ducks and geese. They stored up food for Governor Oñate and the main party, who were following their trail.

El gobernador Oñate envió a ocho hombres a buscar agua. Pero estos hombres sufrieron de hambre y sed. Tuvieron que comer las raices de arbustos para sobrevivir.

Por fin, encontraron un campo de los americanos nativos. Comieron venado y conejos. Los americanos nativos guiaron a los colonos a aguaderos. Pero después los guías huyeron.

Los hombres tuvieron agua porque llovió cada día por una semana. Después de esa semana paró de llover. Los hombres y sus caballos no tuvieron agua por cinco días.

Cuando ellos vieron árboles, supieron que había agua cerca. Los caballos empezaron a oler agua. Cuando llegaron al Río Grande, los hombres y los caballos estaban enloquecidos con sed.

Los hombres brincaron al río. Dos de los caballos se ahogaron cuando brincaron a la profundidad del río. Los otros dos caballos bebieron tanta agua que las panzas se reventaron.

Cuando no pudieron beber más agua, los hombres gatearon hacia la orilla del río. Descansaron en la sombra de los árboles. Después empezaron a pescar y cazar patos y gansos. Recogieron comida por el gobernador Oñate y los colonos, quienes estaban siguiéndolos.

On April 20 Governor Oñate rode into the river camp with a large number of his mounted men. The colonists driving the wagons and the animal herds were a few days behind. They arrived on April 26.

Governor Oñate sent some scouts ahead to find a shallow place to cross the Rio Grande. The scouts found a good crossing. They also found four friendly Native Americans. They brought the Native Americans to meet Governor Oñate. The governor presented them with many gifts to take back to their village.

The expedition made camp beside the river crossing. The crossing was near a mountain pass that would become famous as El Paso del Norte.

En el 20 de abril el *gobernador Oñate* llegó al campo al lado del río con unos de los hombres montados en caballos. Los otros colonos con los carretones y los animales se habían atrasado. Ellos llegaron el 26 de abril.

El *gobernador Oñate* envió a unos exploradores a encontrar una parte del Rio Grande donde podrían cruzar. Los exploradores encontraron un sitio bueno. También encontraron a cuatro americanos nativos amables. Introdujeron a los americanos nativos al gobernador Oñate. El gobernador les presentó muchos regalos para su pueblo.

La expedición estableció campo donde iban a cruzar el río. El paso estaba cerca de un camino de montaña que llegaría a ser famoso como El Paso del Norte.

4.
The First Thanksgiving
El primer día de acción de gracias

Governor Oñate had opened a new and better trail from Mexico to the northern frontier. While facing the hardships of the desert, the colonists and their priests had prayed to God. Their prayers had been answered. God had sent rain. God had brought them safely out of the desert to the Rio Grande.

Now the colonists rested beneath the cottonwood trees alongside the river. The four Native Americans who had been presented gifts returned to the camp. Many other Indians came with them. Grateful for the gifts from Governor Oñate, the Indians brought a large supply of fish for the colonists.

Governor Oñate was grateful for God's blessings and protection over the expedition. Before the colonists crossed the river and marched into New Mexico, he decided there should be a grand celebration and feast. So that thanks could be offered to God, Governor Oñate ordered a chapel to be built beneath the trees.

El *gobernador* Oñate abrió un camino nuevo y mejor de México hacia la frontera norteña. Mientras que los colonos se enfrentaron a las dificultades en el desierto, ellos y los sacerdotes rezaron a Dios. Dios escuchó sus oraciones y envió lluvia. Dios los había traído del desierto a la seguridad del Río Grande.

Los colonos descansaron debajo de los árboles al lado del río. Los cuatro americanos nativos a quienes se habían dado regalos volvieron al campo. Muchos otros indios vinieron con ellos. Agradecidos por los regalos de parte del *gobernador* Oñate, los indios trajeron mucho pescado para los colonos.

El *gobernador* Oñate estaba agradecido por las benediciones y la protección de Dios sobre los colonos en la expedición. Antes de cruzar el río y marchar hacia Nuevo México, los colonos harían una gran celebración y una cena. Para ofrecer gracias a Dios, el *gobernador* Oñate ordenó que los colonos construyeran una capilla debajo de los árboles.

The celebration of Thanksgiving was held on the morning of April 30. Everyone dressed in their best clothes. Governor Oñate wore a suit of armor. The soldiers wore polished breastplates and helmets. The Franciscan priests wore beautiful vestments laced with gold.

Candles were lit around the altar. Hundreds of men, women, and children assembled under the trees. The priests sang a High Mass. Then Father Alonso Martinez preached a fine sermon.

Following the religious services, the ceremony continued with a little play. Captain Marios Farfán de los Godos was a cultured man who had often seen plays in Spain. He felt that a play should be part of the celebration beside the Rio Grande. The captain wrote a drama, then trained several soldiers to act out the parts.

As hundreds of colonists watched, the actors showed how the Franciscan missionaries met Native Americans, who went to their knees. Then the missionaries baptized the Native Americans into the Catholic religion. It was the first play ever presented in North America.

"After this was over the entire army began celebrating great joy and mirth," wrote Captain Gaspar Pérez de Villagrá. The captain had received a good education in Spain, and he wrote about all of the events of the expedition.

Por la mañana del 30 de abril celebraron el día de acción de gracias. Todos se vistieron bien. El gobernador Oñate usó su armadura. Los soldados usaron petos pulidos y cascos. Los sacerdotes franciscanos usaron vestimentas bonitas adornadas con oro.

Encendieron velas alrededor del altar. Cientos de hombres, mujeres, y niños se juntaron debajo de los árboles. Los sacerdotes dijeron la misa. Después el padre Alonso Martínez predicó un sermón hermoso.

Después de los servicios religiosos, la ceremonia continuaba con un drama corto. El capitán Marios Farfán de los Godos era un hombre culto quien había mirado muchos dramas en España. El quería que un drama fuera parte de la celebración al lado del Rió Grande. El capitán escribió un drama, y les enseñó los papeles a unos soldados.

En el drama, en frente de cientos de colonos, los actores mostraron como los misioneros franciscanos encontraron a americanos nativos, quienes se arrodillaron. Después los misioneros bautizaron a los americanos nativos en la religión católica. Fue el primer drama presentado en Norteamérica.

"Cuando se acabó ésto, el ejército entero empezó a celebrar con mucha alegría y felicidad," escribió el capitán Gaspar Peréz de Villagrá. El capitán había recibido una buena educación en España, y el escribió de todos los eventos de la expedición.

After the play, the soldiers lined up for the next part of the ceremony. The cavalrymen mounted their horses. Foot soldiers stood in ranks. Flags waved in the breeze. Swords and lances gleamed in the sunlight. Women and children stood nearby.

Musicians blew their trumpets loudly. Governor Oñate marched to the altar, carrying a speech he had written on several pages of parchment. The governor removed his helmet. Then he began reading his speech.

"I desire to take possession of this land this 30th day of April . . ." He praised the priests who would introduce the Catholic faith to New Mexico. He praised God. He promised to take possession of New Mexico "in the name of the most Catholic king, Don Philip, the second of that name [King Philip II of Spain]. . . ."

Finally, Governor Oñate took a cross and nailed it to a tree. Then he led a prayer. He prayed that the "holy cross" would "open the gates of heaven" to the Native Americans.

When the prayer ended, the trumpets sounded again. Soldiers lifted their muskets and fired. Then the governor placed the flag of King Philip near the river. Everyone shouted for joy.

A bonfire was built. Fish and venison and duck were roasted in the fire. A feast ended the Thanksgiving celebration.

Después del drama, los soldados se formaron para la próxima parte de la ceremonia. Los jinetes montaron a caballo. Los soldados de infantería estaban en sus filas. Las banderas ondeaban en la brisa. Las espadas y las lanzas brillaban en la luz del sol. Las mujeres y los niños miraban todos los eventos.

Los músicos soplaron recio las trompetas. El gobernador Oñate marchó al altar, llevando un discurso que había escrito en unas hojas de pergamino. El gobernador se quitó el casco. Empezó a leer el discurso.

"Yo deseo tomar posesión de esta tierra este día treinta de abril . . ." El les alabó a los sacerdotes que introducirían la fe católica a Nuevo México. El le alabó a Dios. El prometió tomar posesión de Nuevo México "en el nombre del rey más católico, Don Felipe, el segundo de ese nombre [El rey Felipe el segundo de España]. . . ."

Finalmente, el gobernador Oñate tomó una cruz y la clavó en un árbol. Después él dijo una oración. El rezó que la "cruz santa abriría las puertas del paraíso" a los americanos nativos.

Cuando se acabó la oración, se oyeron las trompetas otra vez. Los soldados levantaron los mosquetes y lanzaron una descarga. Después el gobernador puso la bandera del rey Felipe cerca del río. Todos gritaron con alegría.

Construyeron una hoguera. Asaron pescado y venado y pato en la lumbre. La celebración de acción de gracias terminó con una cena.

5 On to New Mexico
Hacia Nuevo México

The next day the expedition left their camp. Several miles upstream they used the river crossing which the scouts had found. Forty Native Americans helped the sheep across the Rio Grande. On May 4, 1598, the expedition marched through El Paso del Norte toward New Mexico.

Governor Oñate rode ahead with sixty soldiers to protect the expedition. In July the governor established headquarters at a village he called San Juan. (Several years later Santa Fe was founded as New Mexico's capital.) In San Juan the colonists built a dam, an irrigation ditch, and a church.

The Franciscan priests went to the Indian villages to convert the Native Americans. By doing so they gained control of New Mexico.

Governor Oñate became known as the founder of New Mexico. He served as governor until 1608.

El día siguiente la expedición se salió del campo. Cruzaron el río después de ir unas millas a un sitio que habían encontrado los exploradores. Cuarenta americanos nativos ayudaron a las ovejas cruzar el Río Grande. En el 4 de mayo de 1598, la expedición marchó por El Paso del Norte hacia Nuevo México.

El gobernador Oñate iba adelante con sesenta soldados montados para proteger a la expedición. En julio el gobernador estableció el cuartel general en un pueblo que él llamo San Juan. (Muchos años después se estableció Santa Fe como la capital de Nuevo México.) En San Juan los colonos construyeron una presa, un regadero de irrigación, y una iglesia.

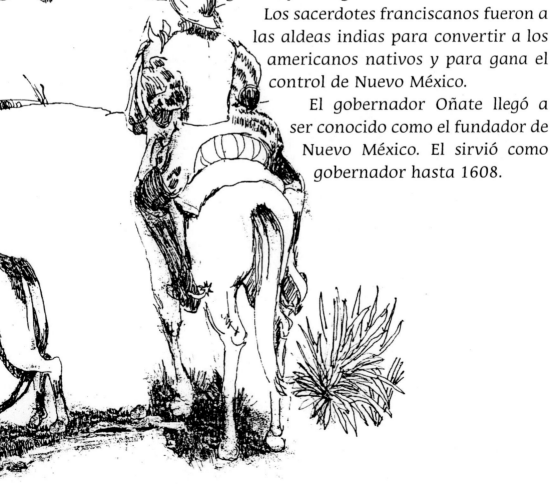

Los sacerdotes franciscanos fueron a las aldeas indias para convertir a los americanos nativos y para gana el control de Nuevo México.

El gobernador Oñate llegó a ser conocido como el fundador de Nuevo México. El sirvió como gobernador hasta 1608.

6
The Tradition Continues

La tradición sigue

Thirteen years after the expedition—and 2,500 miles northeast of El Paso del Norte—the Pilgrims celebrated Thanksgiving at Plymouth. But North America's first Thanksgiving had been celebrated by Hispanic pioneers on April 30, 1598.

During the 1980s, the first Thanksgiving began to be celebrated each April in El Paso. Men and women and children dress in Spanish and Native American costumes. Near the Rio Grande, they act out the Thanksgiving celebration of April 30, 1598.

In 1998 people traveled from as far away as Spain to celebrate the 400th anniversary of the first Thanksgiving in North America. A descendant of Juan de Oñate came to the celebration.

The first Thanksgiving had been held on the south bank of the Rio Grande. But over the years the river shifted to the south. After the river shifted, the site of the first Thanksgiving was north of the Rio Grande—in Texas. Today Texans are proud that North America's first Thanksgiving was celebrated on the soil of the Lone Star State.

35

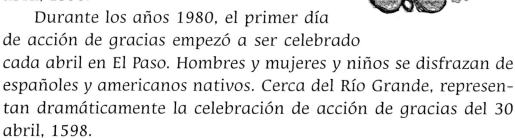

Trece años después de la expedición—y 2,500 millas al noreste de El Paso del Norte—los peregrinos celebraron el día de acción de gracias en Plymouth. Pero el primer día de acción de gracias de Norteamérica había sido celebrado por pioneros hispanos en el 30 de abril, 1598.

Durante los años 1980, el primer día de acción de gracias empezó a ser celebrado cada abril en El Paso. Hombres y mujeres y niños se disfrazan de españoles y americanos nativos. Cerca del Río Grande, representan dramáticamente la celebración de acción de gracias del 30 abril, 1598.

En 1998 las personas vinieron de muy lejos, incluyendo España, para celebrar el aniversario de 400 años del primer día de acción de gracias en Norteamérica. Un descendiente de Juan de Oñate vino a la celebración.

El primer día de acción de gracias tomó lugar en la orilla sureña del Río Grande. Pero hace muchos años el río trasladó al sur. Después de que el río trasladó, el sitio del primer día de acción de gracias fue norte del Río Grande—en Tejas. Hoy tejanos están orgullosos que el primer día de acción de gracias en Norteamérica fue celebrado en tierra tejana.

Words to Know

conquistador — a Spanish word for conqueror, which is a person who gains control of land.

descendant — a direct family member born after a person.

expedition — a trip taken by settlers to begin a new home.

gente de razón — a Spanish word used to describe people who are educated.

hidalgo — a Spanish word for a very rich person.

peasants — a name once used for poor farmers.

settlers — people who move to begin a new home; also called colonists.

viceroy — governor of a country or colony.

Palabras para saber

campesinos — *granjeros pobres.*

conquistador — *una persona quien gana el control de una tierra.*

descendiente — *un familiar directo nacido después de una persona.*

expedición — *un viaje que toman pobladores para empezar un nuevo hogar.*

gente de razón — *gente educada.*

hidalgo — *una persona muy rica.*

pobladores — *personas que se mudan para empezar un nuevo hogar; también llamados colonos.*

virrey — *gobernador de un país o una colonia.*

Resources

Research for this book was gathered using Herbert Eugene Bolton's *Spanish Exploration in the Southwest, 1542-1706,* and from Paul Horgan's Pulitzer Prize classic, *Great River: The Rio Grande in North American History.*

Los libros usados por averiguación por este libro son Spanish *Exploration in the Southwest, 1542-1706* por Herbert Eugene Bolton, y el libro clásico que ganó un premio Pulitzer, Great River: *The Rio Grande in North American History* por Paul Horgan.

Want to know more?

Juan de Oñate was born about the year 1549 in western Mexico. His father was an important soldier and government leader. As a young man Juan also served Mexico as a soldier.

After leading his colonists into New Mexico in 1598, Juan served as governor for ten years. Because of this work, he is called the "Father of New Mexico." Juan died in Spain in 1624 at the age of seventy-five.

The following Websites offer fascinating information about Juan de Oñate and the First Thanksgiving.

Websites

http://web.nmsu.edu/~publhist/cuarto~1.html
http://www.rr.gmcs.k12.nm.us/juandeonate.htm
http://www.humanities-interactive.org/Onate/index.html
http://www.twelve-travelers.com/tt_don_juan_onate.htm
http://www.tsha.utexas.edu/handbook/online/articles/view/OO/fon2.html
http://www.cantos.org/consult/Onate.html
http://www.jagger.com/camino.html

Periodicals

Sharpe, Tom. "Oñate Revisited." *Hispanic*, December 1991, p. 45.
Simmons, Marc. "Oñate and All of That, 1598-1998." *Journal of the West*, July 1998, p. 5.

About the Authors
—— *Sobre los autores* ——

BILL O'NEAL'S great-grandfather was a Texas cowboy, and his grandmother came to Texas in a covered wagon when she was a little girl in 1881. Bill now teaches Texas history at Panola College in Carthage, Texas. He has received many teaching awards. Bill has written twenty books about western history and baseball. He has appeared on television shows about history on The Learning Channel, The History Channel, TNN, and TBS.

LYNN O'NEAL MARTINEZ is a fifth-grade teacher for Grand Prairie I.S.D. in Texas. She was Teacher of the Year for John H. Reagan Elementary in Dallas her second year as a teacher. She regularly presents ESL workshops for Region VII. She and her husband have one daughter. Lynn and her father are currently collaborating on other bilingual books for children.

El bisabuelo de Bill O'Neal fue un vaquero tejano, y su abuela vino a Tejas en un carro con toldo cuando era niña en 1881. Ahora Bill enseña la historia de Tejas en Panola College en Carthage, Texas. El ha recibido muchos premios de enseñar. Bill ha escrito veinte libros sobre la historia del Oeste y del béisbol. El ha estado en programas de televisión sobre la historia en The Learning Channel, The History Channel, TNN, y TBS.

Lynn O'Neal Martinez es una maestra de la educación bilingüe del grado quinto en el Distrito Escolar Independiente de Grand Prairie en Texas. Ella fue la Maestra del Año para la escuela primaria John H. Reagan en Dallas su segundo año como maestra. Ella da presentaciones de inglés como segunda lengua para la Región VII. Ella y su esposo Rudy tienen una hija. Lynn y su padre planean hacer otros libros bilingües para los niños.